LE CONGRÈS INTERNATIONAL DES ACCIDENTS DU TRAVAIL A MILAN

LA GARANTIE OBLIGATOIRE DE L'INDEMNITÉ

PAR

E. CHEYSSON

INSPECTEUR GÉNÉRAL DES PONTS ET CHAUSSÉES

(Extrait de la *Revue Politique et Parlementaire* de Février et Mars 1895)

PARIS

BUREAUX DE LA *REVUE POLITIQUE ET PARLEMENTAIRE*

110, RUE DE L'UNIVERSITÉ, 110

PUBLICATIONS DU MÊME AUTEUR

SUR LES ASSURANCES OUVRIÈRES

Les pensions civiles des employés de l'Etat. — 1883. — (Berger-Levrault.)

Le recensement des professions. — 1886. — Rapport au conseil supérieur de statistique. — (Imprimerie nationale.)

L'imprévoyance dans les institutions de prévoyance. — 1888. — (Guillaumin.)

L'assurance des ouvriers contre les accidents. — 1888. — (Guillaumin.)

L'économie sociale à l'Exposition universelle de 1889. — 1889. — (Guillaumin.)

L'organisation de l'assurance contre les accidents. — 1889. — Rapport au congrès de Paris. — (Baudry.)

L'obligation de l'assurance et les compagnies régionales. — 1889. — Discours au congrès de Paris. — (Baudry.)

Les budgets comparés de cent familles ouvrières. — 1890. — En collaboration avec M. Toqué. Ouvrage couronné du prix Montyon de statistique par l'Académie des sciences. — (Baudry.)

Les lacunes de la statistique et les lois sociales. — 1890. — Rapport au congrès des sociétés savantes. — (Guillaumin.)

Les caisses régionales de prévoyance. — 1890. — Rapport au congrès des sociétés savantes. — (Guillaumin.)

Les institutions patronales à l'Exposition d'économie sociale en 1889. — 1890. — Rapport au nom du jury de l'Exposition universelle. — (Imprimerie nationale.)

L'Union fraternelle Lambert. — 1891. — Discours à l'assemblée générale de cette société. — (Au siège social.)

Le projet de loi d'assurances contre les accidents. — 1890. — (Guillaumin.)

La faute lourde en matière d'accidents. — 1890. — (Baudry.)

Etat présent de la question des accidents en France. — 1891. — Rapport au congrès de Berne. — (Baudry.)

L'obligation de l'assurance et la liberté de mode d'assurance. — 1891. — Discours au congrès de Berne. — (Baudry.)

Le congrès des accidents de Berne. — 1892. — (Baudry.)

Les questions ouvrières. — 1892. — (Le Génie civil.)

Les assurances ouvrières. — 1892. — (Guillaumin.)

La prévention des accidents du travail. — 1893. — (Au siège de la société de protection des apprentis.)

L'assurance mixte et les maisons ouvrières. — 1893. — (Masson.)

Le projet de loi sur les sociétés de secours mutuels. — 1894. — (Revue de la Prévoyance et de la Mutualité.)

Les lois ouvrières au point de vue de l'intervention de l'Etat. — 1894. — (Guillaumin.)

Nécessité et bases d'une loi d'assurance sur la vie. — 1894. — (Guillaumin.)

Les systèmes de répartition des subventions dans les caisses de retraite patronales. — 1894. — (Réforme sociale.)

L'organisation de l'assurance contre les accidents. — 1894. — Rapport au congrès de Milan. — (Baudry.)

LE CONGRÈS INTERNATIONAL

DES ACCIDENTS DU TRAVAIL

A MILAN

LE CONGRÈS INTERNATIONAL

DES ACCIDENTS DU TRAVAIL

A MILAN

LA GARANTIE OBLIGATOIRE DE L'INDEMNITÉ

PAR

E. CHEYSSON

INSPECTEUR GÉNÉRAL DES PONTS ET CHAUSSÉES

(Extrait de la *Revue Politique et Parlementaire* de Février et Mars 1895)

PARIS

BUREAUX DE LA *REVUE POLITIQUE ET PARLEMENTAIRE*

110, RUE DE L'UNIVERSITÉ, 110

LE

CONGRÈS INTERNATIONAL DES ACCIDENTS A MILAN

ET

LA GARANTIE OBLIGATOIRE DE L'INDEMNITÉ

Le succès du congrès des accidents qui s'est tenu à Milan en octobre dernier est, comme on dit, un véritable signe des temps. Lorsque, en 1889, plusieurs personnes, dont j'étais, eurent l'idée d'organiser un congrès spécialement consacré à cette question, elles se heurtèrent tout d'abord à une incrédulité générale. On leur objectait que la matière était bien étroite et serait vite épuisée, qu'elle n'intéressait que quelques spécialistes, que le congrès mourrait d'anémie interne et d'indifférence externe, double maladie mortelle, et qu'à vouloir l'entreprendre, on courait à un échec certain. Une première fois déjouées en 1889, ces prévisions le furent encore à Berne en 1891, lors du second congrès ; mais nos espérances elles-mêmes ont été dépassées à Milan, où le congrès a compté 747 adhérents appartenant à 17 nations (1).

Malgré leur abondance et leur éclat, les travaux antérieurs étaient loin d'avoir épuisé la matière, qui est presque inépuisable. Le comité d'organisation avait eu beau chercher à restreindre l'ordre du jour pour ne l'ouvrir qu'aux questions les plus intéressantes : il avait été forcé d'y admettre une quarantaine de rapports distribués d'avance sur des sujets à soumettre aux délibérations du congrès, sans compter les communications qui surgissent inopinément et pénètrent par la brèche, même dans les programmes les plus compacts et dans les réunions les

(1) Italie, 369 adhérents; France, 167; Allemagne, 98; Suisse, 26; Autriche-Hongrie, 22 ; Belgique, 20.... Le Nouveau-Monde, lui-même, a pris part au Congrès par ses représentants des Etats-Unis et du Brésil.

plus disciplinées. Nous avions certainement sur la planche du travail taillé pour un mois ; mais, comme nous ne disposions que d'une semaine, force a été d'opérer dans l'ordre du jour des coupes sombres et de demander à la moitié environ des rapporteurs un sacrifice aussi douloureux que celui d'Abraham. Avoir préparé un rapport, parfois au nom d'une collectivité qui vous a confié le mandat de lui servir d'organe, faire des centaines de lieues pour le lire et se voir condamné au silence par l'encombrement des séances, c'est une épreuve que peu de gens acceptent d'un cœur léger. Les organisateurs des futurs congrès feront sagement d'avoir des programmes moins touffus, sous peine d'amasser sur leurs têtes les ressentiments de tous ces rapports rentrés.

Ainsi, au lieu de ce champ exigu où les congrès des accidents seraient, disait-on, destinés à piétiner, leur domaine s'agrandit toujours et ils ont maintenant à lutter, non contre la pénurie, mais contre l'embarras des richesses. Leur clientèle suit le même développement ; leur caractère international s'affirme de plus en plus ; enfin, pour que rien ne manque à leur éclat, le socialisme populaire, qui avait fait défaut à Paris et à Berne et sans lequel il n'est plus de bonne fête aujourd'hui, a envoyé à Milan des représentants des deux sexes, qui se sont multipliés. La galanterie des socialistes masculins me pardonnera, si j'ose déclarer ici que leurs coréligionnaires de l'autre sexe ne leur ont cédé en rien sous le rapport du talent et de l'intrépidité.

Les discussions ont été très animées et très brillantes ; elles ont eu lieu en plusieurs langues, mais principalement en français et en allemand. Leur vivacité a toujours été tempérée par la courtoisie des rapports personnels entre les membres et par l'autorité ferme et prudente de la présidence. Les conclusions sur lesquelles je vais revenir tout à l'heure ont été votées à la presque unanimité. En somme, à tous les points de vue, ce congrès a complètement réussi.

Son succès tient à des causes nombreuses, mais surtout à la place croissante qu'ont prise dans les préoccupations de l'opinion publique et de presque tous les parlements les questions sociales et en particulier celles des accidents du travail. Certaines nations avaient déjà résolu ce problème et venaient à Milan pour soutenir et faire, si elles le pouvaient, triompher leur système ;

d'autres, en mal d'enfant, venaient pour s'éclairer avant d'adopter une solution définitive. De là ce grand concours et l'intérêt véritablement passionné que les représentants de tous les pays ont pris au congrès de Milan.

I. — DIVERS ASPECTS DU CONGRÈS.

Par son importance et son retentissement, ce congrès méritait d'être présenté aux lecteurs de la *Revue politique et parlementaire*. Il l'a été par M. Yves Guyot avec sa verve et son talent accoutumés dans un des précédents numéros de la *Revue* (1). Mais il en est de ces grandes manifestations comme d'une bataille, dont chaque acteur fait un récit différent, quoique véridique, parce qu'il s'est pris, de très bonne foi, pour le centre de l'action, et a exagéré à son insu l'importance des épisodes auxquels il a été mêlé directement. Pour lui, toute la bataille était là, tandis que peut-être était-elle ailleurs. De même, un congrès a plusieurs aspects. Chacun des membres qui ont pris une part active à ses travaux peut se complaire dans celui de ces aspects qui répond le mieux à ses tendances, au rôle qu'il a joué. De là, l'utilité de faire le tour du sujet, de contrôler un récit par un autre, de procéder, comme le fait le service anthropométrique, par des photographies multiples prises sous divers angles et dont le rapprochement permet seul de dégager le relief et la vérité vivante du modèle.

Cette utilité s'élève à la hauteur d'une nécessité, quand il s'agit d'acteurs aussi indépendants, aussi personnels, que l'ont été les Français à Milan. Obéissant à sa conviction, ignorant le mot d'ordre, chacun d'eux émettait librement sa note, sans se soucier de celle que venait d'émettre ou qu'allait émettre son voisin. Nous procédions en tirailleurs dispersés, faisant pour notre compte une guerre de guérillas et tirant au besoin sur nos compatriotes. Tout autre était le groupe allemand : il représentait un régiment parfaitement discipliné, évoluant en bon ordre sous la main de son colonel. Les rôles avaient été distribués d'avance; tous s'en acquittaient à point, ils donnaient au moment voulu, couraient au secours d'une position menacée

(1) N° de Novembre 1894, page 290 et suivantes.

et se soutenaient par échelon. Pas de fausse manœuvre, nulle part laissée au hasard. C'était la tactique militaire transportée de toutes pièces sur ce champ de bataille scientifique. Le congrès était donc comme un microcosme, où chaque peuple se révélait tout entier avec les qualités et les défauts de son tempérament national.

Si une grande revue de Berlin en avait publié un compte rendu, signé d'un des membres actifs de la délégation allemande, il n'y aurait plus à y revenir, cet article ayant du premier coup donné la version officielle et définitive. Mais nous sommes en France, et notre groupe français de Milan, formé d'individualités isolées plutôt que d'éléments homogènes et réunis en faisceau, comptait des représentants des opinions les plus variées. Il faut donc, pour avoir la note juste, entendre les sons de plusieurs cloches. La *Revue politique et parlementaire* est venue me demander le mien. Je n'ai pas cru pouvoir me soustraire à cet appel, quoique ne me dissimulant pas le danger de contredire sur certains points mon éminent confrère. Comme il m'a pris personnellement à parti dans un passage de son article, — d'ailleurs avec une parfaite courtoisie — il ne m'en voudra pas d'exercer le droit de libre défense, pour défendre, non ma personne, qui n'est pas en cause, mais les idées dont je me suis fait l'organe et qui me semblent avoir obtenu au congrès bien plus de faveur qu'il ne l'a cru et ne l'a dit. Je reconnais, d'ailleurs, et pour les raisons exposées plus haut, que je suis sans doute suspect, à mon tour, d'avoir vu le congrès avec ma lorgnette. Au lecteur, notre juge commun, de prononcer entre nous.

II. — CARACTÈRE DES RÉSOLUTIONS DU CONGRÈS.

« Le congrès de Milan, dit M. Yves Guyot, a voté des résolutions insignifiantes. » Si ce jugement s'applique à l'ensemble des résolutions, il est sévère jusqu'à l'injustice.

Il importe, dès le seuil de cette étude, de caractériser nettement l'esprit de ces résolutions et le sentiment qui les a inspirées. Le congrès de Milan, comme ses devanciers de Paris et de Berne, n'a statué explicitement que sur les points où l'entente était manifestement établie entre toutes les fractions de l'assemblée ; mais il s'est prudemment abstenu de trancher par une formule catégorique les questions où l'accord ne s'était pas fait et où il n'était pas désirable qu'il se fît, sous peine d'assujettir le monde entier au joug d'une même formule qui, bonne pour certains pays, ne convient pas aux autres. Il ne s'agit pas ici d'une consigne à appliquer partout uniformément. Les lois, — et plus encore les lois de ce genre, —veulent être faites sur mesure, et répondre aux conditions particulières de chaque pays, à son passé, à ses conditions, à son tempérament, à son génie. Le congrès a dit cela et il a eu raison de le dire. Il a eu d'autant plus de mérite à pratiquer sur des points déterminés l'abstention, qu'il était plus vigoureusement poussé à émettre des conclusions formelles. Ce n'est assurément pas le groupe français et italien qui a le droit de taxer d'insignifiantes certaines résolutions particulièrement visées : leur réserve a été voulue, pour sauvegarder la liberté de ceux qui tenaient à résister à l'entraînement et à la contagion d'exemples tout-puissants. Dans ses abstentions systématiques, comme dans ses résolutions positives, le congrès a fait preuve de sagesse et a exactement compris et pratiqué les devoirs que lui imposait son caractère international.

Les résolutions du congrès ont été cataloguées dans trois chapitres distincts, qui correspondent à autant de phases de la question des accidents, à savoir : la *prévention*, l'*atténuation* et la *réparation*. C'est surtout à propos de la dernière de ces phases que les discussions ont eu le plus de vivacité et d'éclat; mais ce serait singulièrement rapetisser le congrès que vouloir le faire tenir tout entier dans la réparation des accidents, en négligeant les deux premiers chapitres, dont quelques mots suffiront à faire apprécier toute la portée humanitaire.

III. — PRÉVENTION DES ACCIDENTS.

S'il est nécessaire de réparer les accidents, il l'est encore plus de les prévenir et de les atténuer. Les accidents n'ont en effet rien de fatal. De bons juges ont affirmé que la moitié environ d'entre eux, et les plus graves, pouvaient être prévenus grâce à des mesures de précautions. C'est pour notre pays un contingent annuel de près de 150,000 victimes qu'on peut arracher à l'accident, si on le veut bien. « Rien de plus dangereux et de plus triste, disait Engel Dollfus en 1867, que cette espèce de fatalisme qui nous ferait envisager le chiffre des accidents du travail comme une prime à peu près immuable à payer au destin. » Non, nous ne sommes pas en présence d'une de ces idoles d'airain, dont l'impassible cruauté exigeait jadis un tribut annuel de victimes humaines ; nous pouvons lutter contre l'accident et restreindre son domaine. Du moment où cette possibilité existe, elle se dresse comme une obligation impérieuse, qu'édicte la conscience et que devrait au besoin imposer la loi, si la conscience restait sourde à cette injonction du devoir.

Mais cette contrainte légale devient de moins en moins nécessaire. Les patrons comprennent toujours mieux leur responsabilité vis-à-vis de leur personnel ; et, loin de se désintéresser des dangers du travail, ils cherchent par tous les moyens possibles à en préserver l'ouvrier.

On a aujourd'hui tout un vaste ensemble de moyens pour atteindre ce but : couvertures d'engrenages, clôtures des parties dangereuses, telles que trappes et puits, appareils permettant le graissage en marche, aspirateurs de fumées et de poussières malsaines, lunettes contre les projections, avertisseurs, sifflets, enregistreurs, enclanchements automatiques, débrayages instantanés... que sais-je encore ? tout un arsenal, non de mort, mais de vie.

Les moyens de préservation existent donc : il ne s'agit que de les vulgariser et de les appliquer. Les musées sociaux, tels que ceux qui fonctionnent à Vienne, à Amsterdam, et ceux qu'on installe à l'heure actuelle dans notre capitale au Conservatoire des arts et métiers et à la rue de Las-Cases, peuvent contribuer à cette vulgarisation. Les congrès des accidents ont, de leur côté, puissamment secondé ce mouvement. Ils ont entendu les discussions les plus intéressantes sur les appareils destinés à supprimer le danger de certains métiers, jusque-là réfractaires à cette préservation, et sur les efforts tentés partout dans ce sens. Quand les congrès des accidents et celui de Milan en particulier n'auraient fait que cela, ils auraient déjà droit au respect et à la reconnaissance de l'opinion publique (1).

(1) A la suite du congrès de Milan et de l'élan qu'il a imprimé à cette question, une Association italienne contre les accidents de fabrique s'est constituée par les soins de l'honorable M. de Angeli, qui a déjà fondé et dirige avec beaucoup de distinction une association semblable pour la Lombardie.

Ils ont fait plus: après avoir proclamé la nécessité de la prévention, ils ont affirmé qu'elle devait être surtout appliquée par l'initiative privée, par le groupement volontaire des intéressés. C'est à l'Etat qu'il appartient d'édicter de haut les règles de l'hygiène et de la sécurité des ateliers, d'en surveiller l'application, en combinant sa surveillance avec celle des associations préventives, formées librement. C'est à ces associations qu'incombe le soin d'entrer dans le détail, dans le cas particulier à chaque usine, d'y présider à l'adoption, à l'installation et au fonctionnement des mesures préventives, mais sous le contrôle supérieur de l'Etat, qui relègue son action au second plan, qui regarde faire tant qu'on fait bien et qui n'intervient directement que si l'on fait mal de propos délibéré, ou si l'on persiste à s'abstenir.

C'est en ce sens qu'a très sagement conclu le congrès de Milan par les résolutions suivantes, dont le lecteur appréciera le caractère hautement libéral :

1° Le congrès émet le vœu que, pour réaliser dans les meilleures conditions possibles la prévention des accidents du travail et la salubrité des ateliers, les pouvoirs publics favorisent le développement des Associations créées dans ce but par l'initiative privée, et qu'ils combinent l'action de l'État avec celle des associations libres.

2° Le congrès émet le vœu que les associations fondées dans les divers pays pour prévenir les accidents du travail étendent leur action sur le travail agricole.

3° Le congrès émet le vœu que, dans les divers pays, il soit constitué des musées sociaux qui exposent au public des documents et des modèles relatifs aux assurances sociales, et notamment à la prévention des accidents.

Le premier de ces vœux vient de recevoir, dans notre pays, une satisfaction que nous sommes heureux de signaler. Par une circulaire, du 21 décembre dernier, le ministre du commerce et de l'industrie, l'honorable M. Lourties, notifiait aux inspecteurs divisionnaires du travail dans l'industrie qu'il avait accepté le concours de l'Association des industriels de France contre les accidents et les invitait à coordonner leur surveillance avec celle des inspecteurs de cette association. C'est une initiative très méritoire, qui honore le ministre, et à laquelle les résolutions du congrès de Milan n'ont certainement pas été étrangères.

IV. — ATTÉNUATION DES ACCIDENTS.

Après avoir employé tous les moyens que suggère la prudence humaine pour conjurer les dangers de l'industrie, faut-il, quand un accident a déjoué ces efforts, ne s'occuper que d'en réparer les conséquences financières par une indemnité ou une pension? Ce sera, devant l'histoire, l'honneur du congrès de Milan d'avoir mis à l'ordre du jour de l'opinion publique une phase intermédiaire jusque-là inaperçue ou négligée et qui a reçu le nom d'*atténuation des accidents*.

Sous ce nom, on entend l'ensemble des mesures prises, non pas seulement pour secourir le blessé, mais encore pour diminuer la gravité des conséquences de sa blessure. « Le premier bandage décide le sort du blessé », a dit le chirurgien Volkmann. C'est de lui que dépendent la perte ou le salut d'un membre, peut-être même la guérison ou la mort de la victime. Quand un accident se produit, surtout s'il est collectif et prend les proportions d'une catastrophe, les témoins ou les hommes de bonne volonté qui accourent sont plus ou moins affolés; ils manquent à la fois de sang-froid, d'expérience et de matériel. On a donc proposé de former des équipes de sauveteurs, que l'on a désignés sous le nom de « samaritains » et qu'on exercerait à loisir, en dehors de l'effarement trop naturel qui suit un accident, pour leur apprendre à porter secours aux blessés, à les dégager, s'ils sont pris sous une machine ou sous un éboulement, à les rappeler à la vie par des insufflations d'air ou la traction rythmée de la langue, à soutenir des murs ébranlés et dont la chute compléterait le désastre. C'est une organisation semblable à celle des pompiers, mais qui, au lieu de se borner à l'incendie, s'étendrait à tous les accidents.

Quelques corporations allemandes sont allées plus loin, et mues par l'intérêt de l'humanité, en même temps que par le souci d'alléger les charges de leur caisse, elles se sont emparées du blessé pour le soigner dans des hôpitaux pourvus de tout le confort chirurgical, de manière à supprimer les complications qui viennent trop souvent aggraver les accidents pour les victimes mal soignées à leur domicile.

La loi modificative du 10 avril 1892, sur les caisses de secours en cas de maladie, autorise, par son article 76 *c*, les corporations à se charger immédiatement du blessé pour le soigner à leurs frais. De magnifiques établissements ont été créés dans ce but et il nous a été affirmé à Milan qu'ils avaient obtenu des résultats véritablement merveilleux pour l'atténuation des accidents et même pour la guérison totale d'une partie des victimes.

Afin d'admirer de tels résultats, nous demandons qu'ils soient uniquement dus à la libre volonté des blessés, à la persuasion, et non pas à une contrainte exercée sur la famille, dont le droit est antérieur et supérieur à celui de la corporation. Avant d'être ouvrier, le blessé est père et mari; il appartient aux siens, et non à son patron, même si ce dernier supporte les frais du traitement, et c'est de son plein gré qu'il doit accepter l'hôpital, par la conviction des avantages considérables qu'il y trouvera pour l'atténuation ou la guérison de ses blessures.

Sous cette réserve, nous applaudissons de toutes nos forces aux mesures prises en Allemagne dans ce but; nous en souhaitons la diffusion dans tous les pays, en particulier dans le nôtre, et nous nous rallions au vœu émis par le congrès de Milan : «*qu'entre la prévention et la réparation des accidents, l'attention des gouvernements et des établissements d'assurance soit appelée sur l'atténuation des accidents, c'est-à-dire sur les mesures à prendre pour diminuer leurs conséquences traumatiques.* »

V. — RÉPARATION DES ACCIDENTS.

D'autres résolutions fermes et sur lesquelles je n'insiste pas ont trait à la statistique et au prochain congrès, qui se tiendra en août 1897 à Bruxelles, en attendant celui de 1900 à Paris.

Sur tous ces points, le congrès n'a pas hésité à être précis, parce qu'il s'appuyait sur l'assentiment unanime de ses membres. Mais il n'en a plus été de même quand il a fallu aborder la question de la *réparation des accidents*. Ici le terrain devenait infiniment plus glissant. Il a servi de champ clos aux divers systèmes et l'on pourrait presque dire aux divers pays, qui se personnifiaient dans la solution de leur choix et mettaient une sorte d'ardeur nationale à la soutenir et même à la faire prévaloir.

Au milieu de tendances assez variées se dégageaient nettement deux écoles principales, qu'on pourrait appeler l'école germanique et l'école latine.

D'un côté, le groupe allemand et autrichien, qui est depuis longtemps entré dans la période de l'action, faisait complaisamment les honneurs du majestueux et imposant édifice élevé, entretenu par la main de l'Etat, et nous engageait à en construire un semblable, en nous affirmant que nous ne saurions en concevoir un qui fût à la fois plus confortable et plus commode.

De l'autre, les Français, les Italiens, les Belges, — sous réserve de leur indépendance, sinon même de leur indiscipline individuelles, — étaient en général effrayés de cette main mise par l'Etat sur l'organisation de l'assurance et, tout en admettant la nécessité de garantir aux victimes des accidents la réparation à laquelle elles avaient droit, ils inclinaient vers les combinaisons qui laisseraient aux intéressés le libre choix des moyens d'atteindre ce but.

A côté, ou en dehors de ces deux grandes écoles, il faut signaler, pour être un historiographe exact, le petit bataillon des socialistes, qui procédait surtout par négations enflammées et tenait *à priori* pour suspect tout ce qui pouvait émaner d'une bourgeoisie capitalistique ; enfin des indépendants, des isolés, qui faisaient campagne pour leur compte avec un talent incontestable, mais qui, ne répondant au sentiment d'aucune des deux grandes fractions du congrès, ne pouvaient exercer sur lui une influence décisive.

C'est sur mon rapport et celui de mon éminent ami M. Luzzatti, que s'est ouvert le débat. La position identique, que nous avions prise, chacun de notre côté, quoique sans concert préalable, était intermédiaire entre l'intransigeance économique, qui ne souffre pas qu'on touche au *statu quo,* le socialisme révolutionnaire, opposé à tout ce qui ne rentre pas dans son programme collectiviste, enfin le socialisme d'Etat, qui préconise les solutions allemandes. Aussi avons-nous eu à faire tête à ce triple assaut et, si l'on en juge par le vote final, il semble que notre thèse ait rencontré au sein du congrès un accueil favorable.

Dans son article de la *Revue,* M. Yves Guyot a consacré une partie de sa discussion à combattre l'organisation de l'assurance en Allemagne. Je n'ai garde de contredire cette thèse, que j'ai moi-même soutenue à Milan. Seulement, comme il faut être juste, même et peut-être surtout vis-à-vis des systèmes qu'on veut réfuter, je prendrai la liberté de faire remarquer à mon compagnon de lutte contre l'assurance allemande que, dans notre commun réquisitoire, nous devons nous garder d'insister, comme il a cru pouvoir le faire, sur la progression des charges annuelles qu'entraîne une telle organisation, puisque cette progression est prévue d'avance et voulue.

On a, en effet, pour la combinaison financière de ces assurances, le choix entre deux systèmes : l'un, qu'on appelle le système de *la répartition (Umlagenverfahren)*, l'autre celui de la *couverture* (*Deckungsverfahren*), ou des règles techniques des assurances. Dans ce dernier système, qui est celui de l'Autriche, on verse en bloc et en une fois pour chaque accident le montant intégral du capital nécessaire au service de la pension du blessé jusqu'à la fin de sa vie ; ce qui aboutit à la constance de la charge annuelle (si le nombre et la nature des accidents restent immuables). Au contraire, dans le système de la répartition, qui est celui de l'Allemagne, on se borne à payer les arrérages de la pension, sans constituer de réserves qui les gagent. On diminue donc au début les charges de l'assurance, mais au prix de son accroissement progressif, jusqu'à ce qu'au bout de longues années on ait atteint la période de roulement normal. Ces deux systèmes ont leurs partisans et leurs adversaires ; mais on ne peut valablement reprocher au système allemand cette aggravation annuelle de dépenses, qui rentre dans sa définition même et qui est le rachat de sa modération initiale. Il n'y a là rien de comparable à l'augmentation des accidents, qu'on oppose à l'assurance par l'Etat et qui serait imputable au laisser-aller, au relâchement de la surveillance et à l'amoindrissement de la responsabilité personnelle.

Sauf cette réserve de détail, nous sommes donc, M. Yves Guyot et moi, d'accord sur les inconvénients qu'il y aurait à importer chez nous l'organisation de l'assurance allemande ; mais notre accord cesse, quand il déclare qu'il n'y a pas de solution intermédiaire entre le tout ou rien, quand il accuse M. Luzzatti et moi « d'inconséquence » et veut nous acculer, pour être logiques, à nous rallier au système allemand, que nous avons eu l'air et même l'intention de combattre, mais auquel, en réalité, nous aurions frayé le chemin.

Nous arrivons ici au vif du sujet. Il m'importe de montrer que cette accusation n'est pas fondée, que notre système se tient parfaitement debout et concilie heureusement les droits de l'humanité avec ceux de la liberté individuelle. Si le lecteur veut bien me suivre, j'espère arriver à lui faire partager cette conviction.

VI. — LA RESPONSABILITÉ EN MATIÈRE D'ACCIDENTS.

Notre désaccord avec M. Yves Guyot ne se borne pas à une combinaison technique d'assurance ; mais ce qui le rend profond et presque irréductible, c'est qu'il porte sur les principes eux mêmes.

Pour lui, « le système de la responsabilité civile, tel qu'il est établi par notre législation (art. 1382 du Code et suiv.), est de beaucoup supérieur à celui de l'abonnement allemand. » Plus loin, il ajoute : « Je préfère la loi de l'offre et de la demande, qui agit tranquillement et sûrement. Il n'y a qu'à laisser faire ; nous ne ferons pas mieux. Une part des dangers de telle ou telle profession est comprise dans le salaire (1) ». Les choses étant ainsi, il y a peut-être à améliorer quelques détails de la procédure pour abréger les délais des actions en matière d'accident ; mais il faut se garder de toucher à notre législation de droit commun, d'introduire dans nos lois le renversement de la preuve ou le risque professionnel, et l'on doit opposer à ces prétendues réformes le même *non possumus* que la science oppose aux chercheurs de mouvement perpétuel ou de pierre philosophale.

En partant de ces prémisses, il n'est pas surprenant que l'auteur de l'article aboutisse à d'autres conclusions que les personnes qui s'inspirent de principes différents. Là est en effet le nœud de la question. Si l'on tient pour suffisante la responsabilité définie par l'article 1382 du code, le *statu quo* s'impose ; ceux au contraire qui affirment les lacunes et les vices du droit commun en cette matière des accidents sont amenés logiquement

(1) Pour épargner le temps du lecteur, je ne m'arrête pas à discuter cette proposition, que je tiens cependant pour fort contestable. Un parqueteur, qui ne court aucun danger, touche un salaire beaucoup plus élevé qu'un couvreur, dont le moindre faux pas peut causer la mort...

à demander des sanctions qui, sans aller jusqu'à l'organisation allemande, ni même jusqu'à l'obligation de l'assurance, garantissent efficacement les droits des blessés et de leur famille.

Il faudrait donc commencer par discuter la question de la responsabilité, puisque c'est de sa solution que découlera la réglementation à édicter. Mais ce serait allonger démesurément les bornes de cet article. Il y a, depuis une dizaine d'années, des travaux nombreux et considérables qui ont paru sur ce sujet et l'ont éclairé d'une vive lumière. Je ne me dérobe pas à cette discussion que j'ai déjà soutenue ailleurs et que je suis prêt à reprendre, si elle est jugée utile. Aujourd'hui, pour ne pas abuser de l'hospitalité de la *Revue*, je suis forcé de procéder sur ce premier point par affirmations, en renvoyant aux écrits spéciaux pour la démonstration de ce que j'avance. Je vais donc commencer par exposer ma thèse, telle qu'elle a été présentée au congrès de Milan et je la justifierai ensuite contre les critiques dont elle est l'objet.

VII. — LE RISQUE PROFESSIONNEL.

L'industrie est un véritable champ de bataille, qui fait tous les ans de nombreuses victimes. Jusque dans ces derniers temps, la réparation de ce dommage était régie par le droit commun ; mais il est devenu de nos jours manifestement insuffisant pour répondre aux exigences de l'opinion publique. D'après une statistique présentée en 1889 au Reichstag allemand et qui porte sur 3,861,000 ouvriers, un quart des accidents (en chiffres ronds) serait imputable à la faute des patrons, un quart à celle des ouvriers; le reste, c'est-à-dire la moitié, proviendrait de la force majeure, du hasard ou de causes indéterminées (1). Ainsi, aux termes de l'article 1382 de notre Code, l'ouvrier blessé ne pourrait être indemnisé que dans le quart des accidents, et encore à la double condition qu'il fournisse la preuve de la faute patronale, ce qui n'est pas toujours facile, et qu'il trouve devant lui un patron solvable, et non pas une caisse vide comme celle de Terrenoire, par exemple. Le 14 janvier dernier, une brusque

(1) Voici les chiffres exacts : Faute des patrons, 20 p. 100, faute des ouvriers, 25 p. 100; faute des patrons et des ouvriers, 8 p. 100; cas fortuits ou de force majeure, 47 p. 100.

inondation envahissait la mine de Diglake Audley (Staffordshire) et noyait 75 mineurs. Dans un passé récent, nous avons eu des explosions de grisou faisant à la fois de nombreuses victimes. Où est la faute? Si, comme c'est le cas le plus fréquent, on est là en face d'une de ces catastrophes contre lesquelles est impuissante la prudence humaine, qui oserait soutenir qu'il faut laisser les ouvriers s'en prendre à la responsabilité du destin et ne rien faire pour eux?

L'article 1382, qui exige la preuve de la faute du patron et qui met à la charge des victimes les accidents fortuits et de force majeure, n'a pu subsister jusqu'ici que parce qu'il n'est appliqué ni par les patrons ni par les tribunaux. Les compagnies les plus importantes secourent leurs blessés, sans chicaner sur le droit. Quant aux tribunaux, ils s'ingénient à découvrir la faute du patron, de manière à le rendre responsable là même où, en droit strict, sinon en équité, il ne devrait pas l'être. Nous sommes donc sous un régime de dureté légale qui confinerait a l'inhumanité, s'il n'était tempéré par la bienveillance des patrons et l'arbitraire des tribunaux.

Comment s'étonner, dès lors, que, sous la poussée démocratique qui incline de plus en plus l'opinion du côté de ceux qui souffrent, on ait vu surgir un autre principe que celui de l'article 1382, et mieux adapté à notre instinct de justice? De là le succès, véritablement surprenant, du *risque professionnel*, qui, entre le patron et l'ouvrier, crée de toutes pièces une entité abstraite, l'industrie, et met à sa charge les conséquences de tous les accidents. C'est l'industrie qui a fait le mal; c'est elle qui doit le réparer. Dès lors — et sous réserve de la grosse question de la faute lourde — plus de contestation sur la preuve; il ne s'agit que d'établir la matérialité de l'accident, la gravité du dommage et d'indemniser la victime.

A peine formulé, ce principe nouveau a obtenu un succès peut-être sans précédent. Malgré les résistances naturelles et les scrupules respectables des jurisconsultes, défenseurs attitrés du droit commun, le risque professionnel a déjà envahi, ou il est à la veille d'envahir, j'allais dire de révolutionner, les codes de la plupart des pays industriels.

L'Allemagne et l'Autriche ont fait de ce principe le pivot de leurs grandes lois d'assurance contre les accidents ; l'Italie, la

Suisse, le Danemark, la Suède, la Norvège, la France, l'ont pris également pour base des projets que discutent leurs parlements ; l'Angleterre, qui vient de loin, s'agite dans ce sens et, lors de la discussion du projet de loi qu'a fait échouer récemment le *veto* imprudent de la Chambre des Lords, des paroles graves et qui ont eu de l'écho ont été prononcées en faveur du droit pour l'ouvrier d'être indemnisé dans tous les cas, sauf ceux où l'accident provient de la faute volontaire (1). C'est le risque professionnel qui frappe à la porte du parlement anglais et qui ne tardera pas à se la faire ouvrir.

Grâce à l'identité, à la simultanéité et à la violence des courants qui circulent aujourd'hui dans le monde entier, grâce à ces congrès internationaux, qui répandent la contagion des idées et façonnent partout l'opinion publique sur le même moule, les lois récentes adoptées en matière sociale dans les divers pays ont un tel air de famille que certains esprits ont rêvé pour ces questions la chimère d'une législation internationale. Un pays ne peut plus se tenir à l'écart d'un mouvement qui emporte tous ses voisins et se cantonner dans un système suranné. Le risque professionnel a donc vaincu ou va achever de vaincre tous les obstacles qui voulaient arrêter son essor triomphant, tant il répond à un besoin universellement ressenti et comme à une sommation de la conscience humaine.

VIII. — LA GARANTIE OBLIGATOIRE DE L'INDEMNITÉ.

A l'étranger, et même en France, bon nombre d'hommes d'État, d'économistes, d'amis des ouvriers ont jugé que cette conquête était insuffisante et ne devait être considérée que comme une première satisfaction. Ce n'est rien, à les entendre, que la proclamation pure et simple d'un principe ; s'il reste platonique et s'il est dépourvu de sanction, ce sera ce trait inoffensif dont parle le poète : *telum imbelle sine ictu*. Après comme avant, il y aura, disent-ils, des ouvriers blessés et tués, sans que leur personne ou leur famille soient indemnisées, par exemple, s'ils ont à faire à des patrons sans ressources, ce qui est fréquemment le cas dans la

(1) *Bulletin de la Société de législation comparée*, 1894. — Travail de M. Maurice Bellom sur ce projet de loi.

petite industrie. C'est une illusion que de s'en rapporter au bon vouloir spontané des « employeurs » en face du principe nouveau. Quelques-uns, peut-être, s'arrangeront spontanément pour l'appliquer; mais la grande majorité ne le voudra ou ne le pourra pas. Il n'y a qu'un seul moyen de faire du risque professionnel une réalité et d'assurer dans tous les cas la réparation du dommage causé par les accidents du travail : c'est l'obligation. Il ne faut pas qu'il soit loisible à des industriels d'exposer leur personnel à des dangers, en réservant à leur bon plaisir les moyens d'en conjurer les conséquences. La règle doit être la même pour tous, de manière à ne pas laisser de place aux défaillances individuelles. A cette condition seulement, on aura sauvegardé vis-à-vis des ouvriers blessés les droits de la justice et ceux de l'humanité.

Telles sont les considérations qui ont présidé aux grandes organisations de l'assurance contre les accidents en Allemagne et en Autriche et qu'invoquent dans les autres pays les partisans de systèmes analogues.

Cette thèse peut mener loin. L'accident du travail n'est pas le seul risque auquel soit exposé, du fait des tiers, l'homme vivant en société. Si mon immeuble vient à brûler, l'incendie peut causer de graves dommages à mes locataires et à mes voisins. Sur la voie publique, mon cocher peut écraser les passants. Faudra-t-il donc que tout propriétaire soit obligé d'assurer, non seulement sa maison, mais encore les maisons contiguës et leurs habitants? Quiconque possède une voiture devra-t-il contracter une assurance contre les accidents qu'elle pourrait causer au public ?

Pour ces dommages et pour tous les autres semblables, on s'en tient à la proclamation du principe général de la responsabilité inscrit dans les codes et chacun reste maître de s'en couvrir ou non par une assurance, sauf à être poursuivi devant les tribunaux, s'il n'a pas eu la prudence de se prémunir contre ces éventualités et s'il veut se dérober à leurs conséquences, le jour où l'accident s'est produit.

Les partisans de l'obligation ne se laissent pas convaincre par ces raisonnements. Dans les accidents du travail, il s'agit en effet, disent-ils, d'une catégorie particulièrement intéressante, qui ne peut attendre et courir les chances d'un procès. Le principe du risque professionnel est déjà une brèche faite au droit commun en faveur des ouvriers. Puisqu'on est entré pour eux dans la voie des exceptions, il faut aller jusqu'au bout, c'est-à-dire jusqu'à l'obligation, sous peine de stériliser le principe en restant à mi-chemin.

Nous n'avons garde de rouvrir ici sur l'assurance obligatoire, ses mérites ou ses inconvénients, une discussion doctorale, dont tous les arguments contradictoires paraissent épuisés. Nous avons toujours été et nous restons encore un adversaire convaincu de ce système ; mais nous sommes obligés de reconnaître le progrès qu'il fait même dans les pays où il ne triomphe pas encore, comme en France. Il y gagne non seulement les esprits, mais encore il pénètre dans les codes par des fissures qui ne tarderont pas à s'élargir, témoin notre loi du 29 juin 1894 sur l'obligation des caisses de secours et de retraite en faveur des ouvriers mineurs.

En présence de ce puissant courant qui porte vers l'assurance obligatoire et qui a fini par convertir ou par entraîner plusieurs de ceux qu'elle avait contre elle au début(1), il y a mieux à faire que de se renfermer dans des protestations stériles. Ce courant, il serait imprudent de s'obstiner à lui barrer la route ; mais on peut essayer de le canaliser et de conjurer ses irruptions sur les zones situées en dehors de son lit naturel. Si l'on peut justement critiquer le moyen de contrainte auquel veulent nous plier les partisans de l'obligation et les plagiaires du système allemand, il est difficile du moins de contester la légitimité du but qu'ils se proposent d'atteindre. Or, au fond, quel est-ce but ? C'est la certitude pour l'ouvrier ou les siens qu'ils seront indemnisés, quoi qu'il advienne. Telle est bien la préoccupation qui inspire et qu'allèguent les revendications en faveur de l'assurance obligatoire. Mais, pourvu que ce résultat soit garanti, le moyen importe peu et l'on ne s'expliquerait pas *a priori* qu'on refusât de l'abandonner au libre choix des intéressés. Que l'État veuille mettre à l'abri de tout aléa l'indemnité due au blessé, il est difficile de le trouver mauvais ou excessif ; mais on peut lui interdire d'aller plus loin ; il n'a pas d'intérêt à imposer une solution unique — la sienne, — s'il en est plusieurs qui conduisent sûrement au but. Il n'en a pas non plus le droit et sortirait, en agissant ainsi, de

(1) La liberté de l'assurance avait été adoptée par notre Chambre des députés le 10 juillet 1888 ; elle a été abandonnée depuis lors pour l'obligation.

son domaine légitime pour s'ingérer sur celui de l'initiative privée.

C'est la thèse que nous avons soutenue en 1891 au congrès de Berne et le Congrès l'avait sanctionnée en proclamant, dans une de ses résolutions, que « *la réparation des conséquences des accidents devait être garantie en tout état de cause.* » Autant qu'on en peut juger par quelques communications officieuses aux journaux, il semble que ce soit bien ce principe de la *garantie obligatoire* qui inspire et domine le projet de loi en voie d'élaboration en France devant la Commission sénatoriale, dont le rapporteur est l'un des membres les plus éminents du Sénat français, l'honorable M. Trarieux (1).

Fort de ces précédents et de ces adhésions considérables, nous sommes resté placé sur le même terrain qu'à Berne. Nous acceptons la condition de *garantir que l'ouvrier blessé ou sa famille recevront dans tous les cas la réparation du dommage subi* et nous avons à examiner s'il n'existe pas, en dehors de l'assurance par l'Etat, des moyens qui puissent efficacement réaliser ce principe et remplir cette condition.

Au cas où cette étude nous démontrerait que l'Etat est seul en mesure de satisfaire ce programme, nous serions bien forcé de le laisser en assumer la charge; mais si, comme nous l'espérons, nous arrivons à une démonstration contraire, il semble que ceux, du moins, qui ne se résignent à l'obligation que pour mettre l'indemnité des ouvriers blessés à l'abri de tout aléa, n'auront plus de bonnes raisons pour refuser à la liberté une part, qui détende la rigueur du système, sans en compromettre l'efficacité.

IX. — LA LIBERTÉ DU CHOIX DES MOYENS.

Rappelons les données essentielles du problème.

Au point de vue de l'assurance contre les accidents, tous les patrons sont astreints au risque professionnel : c'est le point de départ, et tous les ouvriers blessés sont indemnisés : c'est le point d'arrivée. Mais, pour aller du premier au second point, il n'y a

(1) Depuis que ces lignes ont été écrites, M. Trarieux ayant été nommé garde des Sceaux, le rapport a été confié à un autre sénateur, doté également d'une grande autorité, M. Poirier : il est en bonnes mains (25 février 1895).

pas seulement — comme on le croit et comme on le pratique en Allemagne — une route impériale : on peut concevoir plusieurs chemins et l'on ne voit pas bien clairement la nécessité de condamner tous les industriels, quelles que soient leur profession ou l'ampleur de leurs ateliers, à prendre le même itinéraire. Il semble, au contraire, naturel de les distinguer en catégories, suivant la nature de leur industrie, l'importance de leur personnel et celle de leurs ressources, le même mode pouvant ne pas convenir au métallurgiste, qui réunit sous ses ordres des milliers d'ouvriers, et au petit artisan qui n'en a qu'un ou deux à peine pour l'assister dans sa boutique. Le but à atteindre est le même pour tous les ateliers : l'ouvrier de l'artisan n'est pas moins intéressant que celui du grand industriel et *vice versa*; mais la solution peut différer d'un milieu à l'autre, pourvu qu'elle donne satisfaction dans tous les cas aux conditions fondamentales du problème et garantisse le résultat visé par la loi.

Tout en subissant l'obligation de cette garantie, le patron conserve, dans ce système, le libre choix du moyen à employer pour la remplir, au lieu d'être acculé à l'assurance obligatoire par l'État, d'après la formule allemande, ou même à l'assurance obligatoire par divers organes que définit la loi, d'après le projet de notre Chambre des députés.

Le problème ainsi posé, nous avons maintenant à présenter les diverses solutions, équivalentes au point de vue de la garantie, qui semblent le mieux s'adapter aux convenances de chacune des principales catégories industrielles.

a. — L'Assurance par soi-même.

Si nous commençons par de très grandes Compagnies, — comme celles des chemins de fer, qui emploient jusqu'à une armée de 60,000 agents et plus, — on doit admettre qu'elles sont de taille à se servir à elles-mêmes d'assureurs et à remplir les exigences tracées par la loi vis-à-vis de leurs ouvriers, sans que l'Etat ait besoin d'intervenir autrement que par son contrôle et par les garanties qu'il imposera. Vis-à-vis de cette catégorie, on comprend, par exemple, que l'Etat prescrive le dépôt d'un cautionnement, la conformité des règlements intérieurs avec les dispositions légales, la communication des écritures relatives à ce service, le contrôle sur ses opérations ; mais, ceci fait, il n'a rien à gagner à exagérer son ingérence, puisqu'elle est inutile au but qu'il veut atteindre dans l'intérêt des ouvriers.

Voilà donc une première catégorie, qui compte dans ses cadres des centaines de milliers d'ouvriers et qui, tout en étant soumise à l'obligation, peut s'en acquitter par ses propres efforts, sous l'œil, mais non sous la main de l'Etat.

b. — Les Syndicats de garantie.

Passons maintenant à la catégorie suivante, celle des gros et moyens industriels, qui ne présentent pas assez de surface au regard de la loi, pour qu'elle les laisse individuellement en accomplir les prescriptions. Cette catégorie peut s'adresser, en dehors de l'Etat, à divers modes adaptés à sa taille.

Elle peut d'abord rentrer dans le mode précédent, en fortifiant, par une *caution solidaire* ou par un *syndicat de garantie,* la solvabilité et la consistance de chaque industriel, qui, pris isolément, n'aurait pas assez de surface pour être son propre assureur.

Le syndicat de garantie respecte l'individualité de chacun de ses membres et le laisse en présence de sa responsabilité personnelle. Pas de classement de risques, ni de primes ; pas d'*assurance* au sens ordinaire du mot (1) : mais une simple garantie solidaire, qui restera presque toujours platonique et n'entrerait effectivement en jeu que si, à la suite d'un gros accident, un patron était hors d'état de faire face à ses engagements. Ce jour-là, c'est la collectivité qui s'exécuterait à sa place.

Grâce à cette garantie, réglementée et surveillée par l'Etat, chaque syndiqué acquiert une solidité de premier ordre, et devient capable de répondre avec sécurité devant la loi de sa dette envers ses ouvriers blessés, sans avoir besoin de recourir au mécanisme de l'assurance.

c. — Les Syndicats d'assurance mutuelle.

Les divers modes que nous venons d'indiquer prouvent que l'*on peut réaliser la garantie obligatoire, sans passer par l'assu-*

(1) On pourrait dire que ce syndicat est une association mutuelle d'*assurance contre l'insolvabilité.* Aussi devra-t-il être autorisé et surveillé par l'Etat. M'en tenant ici aux questions générales de principe, je ne crois pas avoir à entrer dans le détail des problèmes techniques soulevés par cette réglementation.

rance obligatoire et montrent clairement la différence qui sépare ces deux obligations. Ceux qu'il nous reste à examiner relèvent tous, au contraire, de l'assurance par quelque côté.

Nous allons les passer rapidement en revue, en commençant — à tout seigneur tout honneur — par ceux qui procèdent de la mutualité; en continuant par les compagnies de philanthropie, puis par celles de spéculation, et en réservant à l'arrière-plan, comme une sorte d'*ultima ratio*, la caisse de l'Etat.

La forme de mutualité, qui nous semble le mieux convenir à la catégorie des patrons grands et moyens, est celle du syndicat d'assurances mutuelles entre personnes exerçant la même profession et s'entendant aussi bien pour la réparation que pour la prévention des accidents. Ce syndicat n'est autre que la corporation allemande (*Berufsgenossenschaft*), mais avec cette différence essentielle qu'il est issu du libre groupement des intéressés, et jouit d'une autonomie remarquable sous le regard de l'Etat, qui se borne à veiller à l'exécution de la loi et à fixer les garanties nécessaires à la sauvegarde des droits des victimes.

Au congrès de Berne, M. Albert Gigot avait fait un exposé très applaudi du syndicat d'assurances mutuelles formé entre les membres du comité des forges de France. Depuis lors, cette belle institution a prospéré et a tenu toutes ses promesses. C'est un véritable modèle que les autres industries auraient grand avantage à imiter.

Les chambres syndicales de l'industrie du bâtiment, groupées dans leur hôtel de la rue de Lutèce, ont déjà établi, depuis quelques années, des caisses semblables et ont mis à l'étude, sous l'inspiration de leur président M. Bertrand, le projet de création d'une caisse mutuelle centrale de toutes les industries constituant l'union de ces chambres.

Les industries textiles, les houillères de France, poursuivent en ce moment le même but et veulent devancer la loi en préparation, en fournissant les garanties qu'elle exigera et en se conformant à ses prescriptions, mais librement et par leurs propres moyens, au lieu de subir passivement et automatiquement les dures contraintes de l'Etat.

Ces syndicats font leur propre ménage sous le contrôle de l'Etat; ils surveillent dans les ateliers de leurs divers membres l'application des mesures préventives; ils fixent les coefficients de risques afférents à chaque industriel et soulagent ainsi, avec une pleine compétence, l'Etat de toutes ces attributions épineuses et compromettantes. Aussi avouons-nous notre prédilection marquée pour cette forme, parce que c'est elle qui nous paraît le mieux respecter la division du travail et laisser à chacun des facteurs en présence le rôle qui lui convient : à l'initiative privée, collective ou individuelle, la liberté des moyens avec la responsabilité du résultat ; à l'Etat, le contrôle pour s'assurer que la loi est exactement obéie.

d. — Les Sociétés de secours mutuels contre les accidents.

Cette forme de syndicat d'assurance mutuelle ne saurait, à notre avis, s'appliquer sans modification à la dernière catégorie, celle des petits patrons, des artisans, des boutiquiers, qui emploient un très petit nombre d'ouvriers et n'ont ni assez de prévoyance, ni assez de ressources, pour recourir à l'assurance. La plupart d'entre eux restent aujourd'hui leurs propres assureurs, et s'en fient au hasard du soin d'échapper à leur responsabilité, sauf à en être écrasés le jour où elle entre en jeu. Trop souvent, alors, ils se dérobent à leurs engagements par leur insolvabilité et l'ouvrier blessé n'obtient pas la réparation, à laquelle il a pourtant un droit sacré, puisqu'elle est pour lui « le prix du sang ».

C'est là que triomphent les partisans de l'obligation et de l'action directe de l'Etat, et l'on est forcé de reconnaître que cette catégorie est, en effet, la plus embarrassante pour les défenseurs de la liberté. La difficulté est réelle, mais peut-être n'est-elle pas insoluble et s'est-on trop hâté d'en demander la solution à l'Etat. C'est assurément un procédé facile à imaginer et qui dispense de recherches : dès qu'on se trouve en présence d'un cas épineux, vite un bon décret et une bureaucratie pour l'appliquer. Mais, avant de se résigner à ce que nous considérons comme une extrémité fâcheuse et une sorte de pis-aller, il faut chercher s'il n'y a vraiment aucun moyen de susciter l'initiative privée et de reporter sur elle une part au moins de la responsabilité qu'on est tenté d'imposer à l'Etat.

Lorsque l'individu est bien et dûment atteint et convaincu d'impuissance à s'acquitter de ce service, on doit se demander si l'association, au besoin encouragée, ne peut pas fructueusement en assumer la charge : presque toujours, après qu'on s'est livré à cet examen sans parti pris, on arrive à conclure que les intéressés, en s'appuyant sur cette force que développent le groupement et la discipline, peuvent parfaitement épargner à l'Etat une intervention directe, pleine à la fois de périls pour celui qui l'exerce, d'ennuis et de tribulations pour ceux qui la subissent.

C'est précisément à cette conclusion qu'on est conduit en regardant de près le problème de l'assurance contre les accidents de la petite industrie.

Le Sénat français, dans le texte primitif voté le 20 mai 1890, avait introduit un article 19, ainsi conçu : « Les syndicats visés par la loi du 21 mars 1884, pourront, sans autorisation, constituer des caisses spéciales d'assurance mutuelle contre les risques prévus par la présente loi (1). » C'était l'extension à ces assurances de la faculté déjà accordée par la même loi aux syndicats professionnels « de constituer entre leurs membres des caisses spéciales de secours et retraite ».

Cette disposition, dont j'ai critiqué ailleurs les lacunes, notamment au point de vue des garanties financières (2), s'inspirait du moins d'une pensée juste : celle de faire appel à un groupement mutualiste, analogue à celui qui engendre chez nous et dans les divers pays les sociétés de secours mutuels. Quand on voit de telles sociétés composées d'éléments qui, à titre individuel, sont impuissants et débiles, se montrer capables de faire tête aux graves exigences de l'assurance contre la maladie et contre la vieillesse, comment leur dénierait-on la même aptitude en matière d'accidents? Nous sommes les témoins émerveillés des prodiges qu'accomplit de nos jours la coopération sous toutes ses formes, pour la consommation, la construction des maisons ouvrières, le crédit (3). Pourquoi ce même levier ne s'appliquerait-il pas, et avec le même succès, au problème des accidents qui a tant d'affinités avec celui de la vieillesse et de la maladie? Ce sont les diverses manifestations de la prévoyance et elles sont justiciables de la même formule.

(1) Cette suggestion a été réalisée par « *la Caisse d'assurances mutuelles des Chambres syndicales* ».

(2) *Notes sur le projet de loi d'assurance contre les accidents* (Bulletins du Comité des accidents — N. 2 et 3 — avril et mai 1890).

(3) *Le budget de la prévoyance ouvrière* par E. Cheysson (Bulletin de la Société française des habitations à bon marché — N. 1, 1894).

Nous concevrions dès lors qu'entre les artisans qui exercent la même petite industrie dans une circonscription plus ou moins étendue, il se constituât « *des sociétés de secours mutuels contre les accidents* », calquées sur le type des sociétés de secours mutuels ordinaires, soumises aux mêmes garanties et dotées des mêmes encouragements.

Pour les garanties, les sociétés de secours mutuels ont encouru des critiques fondées, surtout en ce qui concerne les pensions de retraite et les engagements à long terme. J'ai moi-même dénoncé leur imprévoyance et les embarras parfois très graves auxquels la plupart d'entre elles étaient dès aujourd'hui ou seront bientôt acculées (1). Mais la nouvelle loi, qui est à la veille d'aboutir devant notre Parlement, va mettre bon ordre à cette situation et obliger les sociétés de secours mutuels à établir des inventaires périodiques dûment contrôlés, à tenir une comptabilité exacte et distincte par service, en un mot à se conformer aux règles de la science et de la prévoyance pour la péréquation exacte de leurs ressources et de leurs engagements. Ce sont des garanties semblables qu'on imposerait à nos sociétés de secours mutuels contre les accidents.

En retour de cette tutelle salutaire, ces sociétés obtiendraient le concours efficace de nombreux membres honoraires et auraient droit aux mêmes subventions de l'Etat que les sociétés de secours mutuels. Les économistes les plus orthodoxes, et à leur tête M. Léon Say (2) admettent sans hésitation ces encouragements de l'État à cette « cellule originaire autour de laquelle peuvent venir se grouper toutes les autres institutions de prévoyance ». Les raisons qui motivent ces subventions de l'État aux sociétés de secours mutuels contre les maladies et la vieillesse se retrouvent, et avec toute leur force, quand il s'agit des sociétés mutuelles contre les accidents. Au lieu d'agir lui-même à leur place, l'État a tout profit à susciter leur initiative et à la guider, même en la subventionnant. Ces subventions sont une économie

(1) *De l'imprévoyance dans les institutions de prévoyance* (Réforme sociale, 1887).

(2) « L'État doit avoir la préoccupation constante des sociétés de secours mutuels; il peut au besoin leur prêter les secours de son organisation administrative; il n'y a là rien qui doive effrayer un économiste, mais c'est à la condition de respecter la liberté individuelle » (*Le Socialisme d'État*, page 214). Comme ministre des finances, M. Léon Say avait déposé un projet de loi en faveur des sociétés de secours mutuels.

véritable et un placement excellent, tant au point de vue des frais bien autrement élevés qu'entraînerait l'assurance directe par l'État, que de son ingérence, de l'impopularité qu'il en retirerait et de l'engourdissement qu'il pourrait infliger ainsi à l'esprit public.

e. — Les Caisses régionales d'assurance.

S'ils ne veulent pas utiliser les ressources de l'assurance mutuelle, les industriels de toutes les dimensions peuvent encore, pour garantir l'indemnité due aux ouvriers blessés, recourir, avons-nous dit, à des sociétés d'assurance, les unes philanthropiques, les autres commerciales.

Parmi les premières, nous donnons hautement la préférence à ces *caisses régionales*, dont nous ne dirons que quelques mots, ayant exposé en détail leurs avantages et décrit leur mécanisme aux congrès de Paris, de Berne et à celui des Sociétés savantes, à la Sorbonne en 1890 (1).

Constituées par le groupement des œuvres principales de prévoyance que possède la région, de ces grandes institutions, qui, suivant l'heureuse expression de M. Luzzatti, sont dotées d'une véritable « impersonnalité maternelle », administrées par les hommes les plus considérables et les plus dévoués au bien public, ces caisses feraient valoir leurs capitaux, comme les grandes caisses italiennes d'épargne, en les restituant sous forme de placements féconds à la contrée qui les aurait fournis, au lieu de les engouffrer, à l'instar des nôtres, dans les coffres du Trésor. Elles participeraient à la fois : de la compagnie privée, dont il va bientôt être question, tant par la liberté de leur recrutement et de leur administration que par leur indépendance, — et de la caisse publique, par leur désintéressement, par la sécurité de leur gestion et par le contrôle de l'État.

Cette idée commence à faire son chemin dans notre pays. On en trouve l'application dans la loi du 29 juin 1894 sur les retraites des ouvriers mineurs et dans divers projets à l'étude, notamment en matière de pensions ouvrières. Mais le plus beau

(1) *Les Caisses régionales de prévoyance (Bulletin du Comité des travaux historiques et scientifiques*, année 1890).
Voir aussi les comptes rendus des congrès de Paris et de Berne.

spécimen de cette organisation est sans contredit la *Caisse nationale italienne d'assurance contre les accidents,* qui émane des principaux instituts d'épargne et de crédit de ce royaume. Renvoyant à la communication faite à ce sujet par M. Luzzatti, je me bornerai à dire de cette caisse qu'elle se recommande à l'admiration, comme à l'imitation des autres pays, et qu'elle semble présenter le type le plus achevé de ce que peut l'initiative privée, quand elle est servie par des organismes libres et puissants.

f. — Les Compagnies privées d'assurance.

Au-dessous des caisses régionales, les compagnies privées d'assurance ont à remplir un rôle utile et légitime, pourvu qu'elles sachent conjurer les objections qu'on leur oppose pour les écarter.

Ce qu'on leur reproche, en effet — et non sans raison — c'est d'abord, la menace des clauses de déchéance dont leurs contrats sont émaillés et qui rendent précaire pour l'ouvrier blessé l'allocation de l'indemnité qu'il s'agit de lui garantir ; c'est ensuite, au moins pour quelques-unes d'entre elles, le défaut de sécurité dans leur gestion financière. Avec ce double aléa, les compagnies privées ne peuvent pas logiquement s'encadrer dans un système, qui veut, dans tous les cas, indemniser à coup sûr les victimes des accidents. Ces compagnies l'ont bien compris, et elles ont constitué un comité qui, à la date du 9 mars 1891, a déclaré formellement : 1° renoncer à opposer aux ouvriers et à leurs ayants-droit les clauses de déchéance des contrats, sauf recours civil vis-à-vis des patrons ; 2° s'engager à déposer dans une caisse d'Etat, ou dans telle ou elle autre institution placée sous sa surveillance et son contrôle, les capitaux destinés à assurer le service des rentes temporaires ou viagères qui seront fixées au profit des blessés par la nouvelle loi des responsabilités en matière d'accidents.

Ainsi seraient levées les deux principales objections qu'encourent les compagnies privées. Si elles s'organisent de manière à faciliter à leur clientèle l'accomplissement de ses obligations légales et à garantir aux blessés l'indemnité à laquelle ils ont droit, on comprendrait malaisément qu'on voulût tuer cette industrie de l'assurance, qui, depuis quelques années, a pris dans notre pays un essor remarquable et n'encaisse pas annuellement moins de 14 millions de primes (1).

X. — LA PÉNALITÉ DE L'ASSURANCE D'OFFICE PAR L'ÉTAT.

Suivant l'importance de leurs ateliers, suivant leurs ressources, leurs affinités, leur tempérament, les patrons auraient ainsi le choix entre les modes que nous venons de passer en revue, sans parler des autres modes équivalents, que l'on pourrait sans doute y ajouter. Ils seraient leurs propres assureurs avec ou sans le concours d'une caution solidaire ou d'un syndicat de garantie ; ils s'adresseraient aux caisses régionales ou aux compagnies privées; ils constitueraient, s'ils le préféraient, des syndicats d'assurance mutuelle ; ou bien enfin, s'ils appartenaient à la petite industrie, ils pourraient se grouper en sociétés de secours mutuels contre les accidents.

Dans chacun de ces modes — et j'insiste sur ce point — l'État exercerait sa surveillance et imposerait ses conditions d'autorisation et de contrôle, dans le détail desquelles je n'ai pas à entrer ici, mais combinées de manière à rendre effectif le principe de *la garantie obligatoire*.

Il y a lieu de croire que, libres de choisir entre ces combinaisons, qui répondent à toutes les variétés de goût et à toutes les facultés de l'industrie, la presque totalité des patrons s'empresseraient d'en adopter une à leur convenance, et de se soustraire ainsi à la mainmise de l'Etat.

Toutefois, le système serait incomplet et présenterait une fissure qui en compromettrait la logique et la solidité, s'il ne prévoyait aucune coercition vis-à-vis des patrons négligents ou inertes qui s'abstiendraient d'opter et d'agir. Pour ceux-là, il faut bien se résigner à l'intervention de l'État-assureur.

La caisse officielle apparaîtrait, dans cette conception, non pas comme un « type », mais plutôt comme une menace, comme le gendarme chargé de mettre le récalcitrant à la raison et de le contraindre à user de la liberté qu'on lui laisse. On vous offre, dirait l'Etat, le choix entre divers modes qui s'adaptent

(1) Ces compagnies s'occupent actuellement de mettre en œuvre les données de leur exploitation, pour dresser des tables infiniment précieuses des coefficients des risques afférents aux diverses professions.

à vos convenances. Vous vous abstenez, vous cherchez à éluder la loi; mais, prenez-y garde : je vais, dans ce cas, vous atteindre par une caisse, à laquelle vous serez inscrit d'office et dont les primes seront recouvrables comme en matière de contributions directes.

Toute industrie d'Etat ressemble à ces grands arbres qui étouffent les arbustes placés sous leur ombre. L'Etat peut impunément fabriquer à perte, parce qu'il puise dans le Trésor et fait payer ses déficits industriels à tous les contribuables ; en outre, il jouit d'un tel prestige que, même au prix d'une plus-value, il aura la préférence du client français : l'industrie libre n'a donc qu'à déserter une lutte inégale. Pour ne pas retirer d'une main ce qu'on semblerait avoir concédé de l'autre, et pour laisser coexister avec la caisse officielle les divers modes d'assurance prévus, il est donc indispensable que les tarifs de cette caisse soient beaucoup plus élevés qu'ils ne le seraient d'après les règles techniques des assurances. Les bénéfices ainsi réalisés pourraient être employés en subvention aux sociétés de secours mutuels dont il est question plus haut.

Cette plus-value des tarifs de l'État — et nous irions jusqu'à doubler les tarifs normaux — serait ainsi comme une digue contre les envahissements instinctifs de la caisse officielle, qui, sans cette précaution, arriverait bientôt à subsister seule sur les ruines de toutes les institutions libres. En même temps, elle aurait le caractère d'une pénalité vis-à-vis des réfractaires et des déserteurs de l'initiative privée. Tous les codes contiennent des pénalités analogues et punissent, par exemple, d'une amende ou d'un double droit, les déclarations tardives ou inexactes des contribuables. La hausse des tarifs d'assurance joue déjà dans plusieurs législations un rôle semblable vis-à-vis des patrons qui refusent de prendre les précautions réglementaires pour prévenir les accidents, de même que la modération de ces tarifs récompense les industriels soucieux de la sécurité et de l'hygiène de leurs ateliers. Il n'y aurait donc rien que de très légitime dans l'application d'une mesure de ce genre pour intimider ou pour punir l'inertie, l'indolence ou l'imprévoyance, qui mettraient la loi en échec et menaceraient la sécurité des indemnités dues aux ouvriers blessés.

Elle aurait en outre l'avantage d'empêcher les fonds de l'assurance contre les accidents d'être drainés à leur tour par les caisses publiques, et d'aggraver ainsi le danger, déjà si redoutable, résultant de l'absorption continue de l'épargne populaire par le Trésor, avec ses conséquences mécaniques sur la hausse de la rente et la baisse de l'intérêt, et avec les terribles responsabilités qu'elle fait encourir à l'État.

Cette exagération des tarifs officiels, poussée jusqu'à les rendre prohibitifs, est donc un des traits essentiels du système ; elle doit notamment reléguer la caisse d'Etat dans un discrédit complet et la réduire au simple rôle d'un épouvantail qui sera protégé par sa rigueur même contre la réalité de son intervention.

XI. — OBJECTIONS AU SYSTÈME DE LA GARANTIE OBLIGATOIRE.

Après avoir ainsi exposé le système, il nous reste à le défendre contre les objections principales qu'on lui a faites, non seulement à Milan, mais encore ailleurs, et tout récemment encore dans cette Revue elle-même.

Le premier grief formulé contre lui, c'est qu'il entr'ouvrirait les portes de la citadelle pour la livrer à l'ennemi, qu'il abattrait les barrières, abaisserait le pont-levis, et mériterait qu'on lui appliquât le joli mot que Jules Simon adressait aux femmes et que rappelait l'autre jour à la Chambre le ministre des Finances. « Prenez garde, vous ne défendez pas vos avant-postes (1) ». Mais, dans cette même séance, notre maître, M. Léon Say avait dit « qu'il y a des jours où les concessions fortifient, d'autres jours où elles tuent ». Il aurait pu dire de même que, si l'histoire nous montre des résistances, qui ont été le salut, elle nous en présente d'autres, qui ont été le suicide. Je ne fais pas ici de politique et je me cantonne dans le sujet des accidents. Or, je suis convaincu qu'en ce qui concerne cette question spéciale, il n'est pas possible d'opposer un *veto* absolu à la sommation générale de l'opinion publique, de se cramponner à un système qui a fait son temps, de se réfugier dans la négation pure et simple qui perpétuerait un *statu quo* intolérable, et de repousser *a priori* toute combinaison, qui, sans porter atteinte à la liberté du choix des moyens, garantirait effectivement le résultat

(1) Chambre des députés. — Séance du 4 décembre 1894.

qu'on poursuit, c'est-à-dire le paiement de l'indemnité aux ayant-droit.

Il y a une place à prendre entre l'immobilisme et le socialisme. S'il est imprudent de céder à la sommation des appétits et de sacrifier à l'Etat les libres initiatives, il ne l'est pas moins de fermer son oreille et son cœur aux réclamations même les plus justes et, du haut de sa tour d'ivoire, de leur opposer un *veto* dogmatique et dédaigneux. Discerner dans les clameurs confuses de la foule les griefs fondés et leur donner satisfaction, au lieu de les combattre tous en bloc, ce n'est pas de la faiblesse et de la capitulation, c'est une politique à la fois humanitaire et sage : c'est celle que je conseille d'adopter dans la question des accidents et celle que j'ai soutenue devant le Congrès.

Le second reproche qu'on lui adresse, ce serait « l'inconséquence ». M. Yves Guyot y insiste dans son article de cette Revue, et il ne parvient pas à s'expliquer comment, en acceptant à la fois le point de départ et le point d'arrivée du système allemand, M. Luzzatti et moi, nous n'acceptons pas en même temps l'obligation de son organisation par l'État (1).

Il me semble que les détails dans lesquels je suis entré plus haut démontrent péremptoirement l'antinomie profonde entre notre système et celui de l'Allemagne. Les éloquents et habiles orateurs de ce pays avaient en effet déjà dit à Milan que nous avions pris le train qui nous conduirait bientôt chez eux, après une courte halte dans une station intermédiaire ; mais je leur avais répliqué qu'entre notre station et leur gare, il y avait un abîme que nous ne franchirons pas, celui qui sépare la consigne et la liberté, le groupement forcé ou l'association volontaire, en un

(1) Je ne dirai qu'un mot d'une petite querelle cherchée par M. Yves Guyot, devant le Congrès et dans son article, à la Caisse nationale italienne d'assurances, à cause de la modicité de son tarif d'assurances pour les ouvriers des soufrières de Sicile. « C'est, dit-il, une forme de protectionnisme en faveur d'une des industries les plus dangereuses et les plus malsaines. » Il n'a pas reculé à Milan devant la conséquence logique de ses prémisses, à savoir la suppression éventuelle de ces industries, s'il était démontré qu'elles ne peuvent supporter le tarif normal.

M. Luzzatti a répliqué qu'il ne saurait suivre jusque-là son honorable contradicteur. Il a soutenu que la caisse avait parfaitement opéré, dans le sens humanitaire et non commercial qui est sa raison d'être, en abaissant assez le taux de ses primes pour la rendre accessible aux soufrières. En somme, ce rabais se traduirait non par une perte, mais par un manque à gagner, l'assurance étant faite au prix de revient pour cette catégorie d'ouvriers si intéressants et si malheureux.

mot le génie des deux races (1). Là est le dissentiment profond, organique entre nous, et j'ai fait voir que, tout en restant en-deçà de ce fossé, nous pouvions atteindre le même but que nos voisins, sans leur emprunter leurs moyens (2).

Qu'il soit possible de concilier la liberté du choix des moyens avec l'obligation de l'assurance, c'est ce que prouve de la façon la plus formelle l'exemple de l'Allemagne elle-même. Elle a en effet adopté deux systèmes différents pour ses deux grandes lois d'assurance contre les accidents et contre les maladies : la première repose sur la caisse obligatoire, ou *Zwangskasse ;* la seconde, sur l'obligation d'une caisse, ou *Kassenzwang*.

Le premier système, — celui que nous avons repoussé à Milan comme à Berne —, ne comporte qu'une caisse d'assurance, celle de l'Etat, ou des caisses similaires agencées et dirigées par lui en dernier ressort. L'assurance devient, ainsi que je le disais tout à l'heure, une consigne et nul n'a le droit de se soustraire à la formule officielle, la même pour tous.

Le second système, au contraire, tout en reposant encore sur l'obligation, permet du moins aux intéressés de s'en acquitter à leur guise. Pourvu qu'ils atteignent le but imposé par l'Etat, le choix du moyen leur est réservé, de sorte que, pour s'assurer contre la maladie, les patrons ou les ouvriers peuvent librement opter entre un certain nombre de caisses équivalentes, maintenues ou créées par la loi.

Si, malgré l'unité du but et l'obligation de l'assurance, l'Allemagne a pu réaliser la multiplicité des caisses de maladie, pourquoi ne pourrait-on pas le faire en France pour les accidents, et plus aisément encore, puisqu'il ne s'agit plus de viser l'obligation de l'assurance, mais seulement celle de la garantie ?

Nous trouverions déjà, même chez nous, des arguments pour la coexistence de l'obligation avec la liberté des moyens. Nous avons l'école obligatoire ; mais le père de famille est libre de choisir celle qu'il préfère. Ce que veut la loi, c'est que l'enfant

(1) Voir, relativement à l'influence décisive qu'exerce sur les institutions le génie de la race, le beau livre du docteur Gustave Le Bon : *l'Évolution des peuples.*

(2) « La France ne se désintéresse d'aucun des grands problèmes, qui, dans le monde entier, passionnent tous les esprits. Rechercher les solutions que comportent ces problèmes pour les adapter au génie national, à nos traditions, à nos mœurs, telle est l'œuvre essentielle que vous avez à poursuivre. » (Message de M. Félix Faure, président de la République aux Chambres, le 28 janvier 1895).

soit instruit et se tient pour satisfaite pourvu qu'il le soit. De même, ce que nous permettons à la loi, c'est d'exiger que le blessé soit indemnisé, mais sous réserve d'autoriser tous les modes qui garantiront ce résultat. Quand nous avons à construire une maison le long d'une rue ou d'une place, l'autorité intervient pour nous imposer l'alignement qui est obligatoire; mais il n'en résulte pas que chaque façade doive être identique et que nous ayons à subir l'uniformité, soit dans nos plans de distribution, soit dans les dispositions générales de nos demeures.

Dans son *referendum* du 21 novembre 1890, le peuple suisse a voté par 181,000 voix contre 92,200 la résolution suivante :

« La Confédération introduira par voie législative l'assurance en cas d'accidents ou de maladie, *en tenant compte des caisses de secours.* »

Malgré l'influence et la contagion des exemples allemands, la Suisse est restée trop fidèlement attachée à ses traditions pour qu'on eût chance de lui faire voter cette résolution, si l'on n'avait eu la précaution d'y introduire le maintien des caisses existantes.

Dans le projet italien d'assurance contre les accidents, que nous n'hésitons pas à qualifier de projet modèle et qui fait grand honneur à M. Chimirri et à ses amis du Parlement, on a eu très grand soin de respecter et même de favoriser toutes les initiatives parallèles à celles de l'Etat.

Ainsi, la Suisse, l'Italie, tiennent à conserver la multiplicité de leurs caisses pour satisfaire l'obligation de l'assurance ou de la garantie; l'Allemagne applique cette organisation aux maladies en vertu de sa loi du 15 juin 1883. D'où viendrait donc l'impossibilité qu'on allègue pour établir dans notre pays un système qui répond si bien à son tempérament et à ses mœurs ?

XII. — RÉSOLUTIONS DU CONGRÈS DE MILAN ET DU COMITÉ CENTRAL DES CHAMBRES SYNDICALES A PARIS.

La thèse qui vient d'être exposée a été accueillie avec faveur à Milan par de nombreux membres du Congrès, parce qu'ils y ont vu le moyen de concilier leur libéralisme et leur humanité. Mais il n'y avait pas à demander qu'elle pût être consacrée par un vote explicite. Les esprits étaient trop divisés sur ce point et il existait un désaccord trop profond entre les deux écoles en présence pour qu'il fût prudent et désirable de sortir des formules générales, le Congrès ayant très sagement déclaré dès le début de la session, par l'organe de M. Luzzatti, qu'il ne devrait y avoir « ni vainqueurs ni vaincus ».

En somme, les écoles germanique et latine ont couché sur les positions qu'elles occupaient à Berne. Eu égard aux progrès faits depuis trois ans par l'idée de l'obligation et par le prestige des applications allemandes, ce résultat ne nous semble pas négligeable et n'a certainement pas répondu aux ambitions d'une partie de l'assemblée.

Voici en quels termes généraux le Congrès a départagé les prétentions rivales :

« *En ce qui concerne l'organisation de la réparation des accidents, le congrès ne voit pas de raisons actuelles de modifier les résolutions du congrès de Berne et les confirme.* »

Or, ainsi qu'on l'a vu plus haut, le Congrès de Berne avait émis le vœu « que *la réparation des conséquences des accidents fût garantie en tout état de cause, et que l'organisation de l'assurance fût conforme au génie particulier de chaque pays.* »

Nous ne pouvions, pour notre part, souhaiter davantage et ce n'est pas nous qui songerions à traiter cette résolution « d'insignifiante », en nous rappelant tous les efforts quelle a coûtés et l'appui qu'elle donne à notre système.

Depuis le Congrès de Milan, ce système a obtenu une adhésion d'une haute importance, celui du Comité central des chambres syndicales de Paris (1).

Sur un remarquable rapport de son secrétaire, M. Jouanny, vice-président de la chambre syndicale du papier, ce comité, dans sa séance du 22 novembre dernier, a voté, à l'unanimité, les résolutions suivantes :

« *Opposés au système de l'assurance obligatoire, nous concluons avec MM. Cheysson, Luzzatti et Trarieux, que la garantie obligatoire est, à l'heure actuelle, le meilleur système à organiser.*

« En conséquence nous estimons :

(1) Ce comité dont le siège est 44, rue de Rennes, comprend : 42 chambres syndicales et 9,285 membres, appartenant à l'ameublement, la bijouterie, la céramique, la librairie, l'imprimerie, la pharmacie, la parfumerie, etc. Il constitue l'un des groupes les plus considérables et les plus influents de l'industrie parisienne.

1° Que le risque professionnel (à l'exclusion de la faute lourde) est la conséquence fatale de notre état industriel et de notre régime démocratique ;

2° Que ce risque doit être à la charge de l'industrie ;

3° Que la réparation du dommage auquel expose le risque professionnel doit être garantie ;

4° Que la loi doit laisser aux industriels ce choix : être leurs propres assureurs en donnant des garanties, ou s'assurer à leurs syndicats ou sociétés d'assurance surveillées par l'Etat, en justifiant de polices suffisantes ;

5° Que ceux-là seuls, qui se seraient trouvés dans l'impossibilité de donner des garanties ou de s'assurer doivent être obligés de s'assurer à la caisse de l'État, dont les primes seront recouvrées, comme d'usage en matière de contribution. »

C'est là un vote dont il est inutile de souligner l'importance, eu égard à la grande situation industrielle et au sens pratique de ceux qui l'ont émis.

XIII. — RÉSUMÉ ET CONCLUSIONS.

En résumé, je crois avoir démontré que le principe de la garantie obligatoire n'entraînait nécessairement, ni l'assurance par l'État, ni même l'obligation de l'assurance ; mais qu'il pouvait parfaitement se concilier avec la liberté des moyens laissés à l'initiative privée, sous réserve de menacer de l'assurance par l'Etat les récalcitrants obstinés, mais en s'arrangeant pour que la caisse officielle soit rendue inaccessible par l'exagération de ses tarifs.

Tout patron, dans ce système, devrait se mettre en mesure de remplir les prescriptions de la loi et en fournir, à toute réquisition, la preuve en établissant qu'il a adopté l'un des divers modes prévus et accompagnés des garanties nécessaires. S'il ne produit pas cette justification, il est inscrit d'office à la caisse de l'Etat et passible de tarifs prohibitifs, c'est-à-dire très sensiblement supérieurs à ceux des autres combinaisons.

Dans ces conditions, l'État se bornerait à exercer sa surveillance et son contrôle et réduirait son action directe aux rares cas où elle constitue un mal inévitable en vue de prévenir un mal plus grand encore : la violation de la loi et la banqueroute au regard des ouvriers blessés. Il se soulagerait ainsi de sa responsabilité pour le maniement de ces organes délicats, notamment pour la fixation des « coefficients de risques », en un mot pour ces mille détails du ménage industriel, qu'il vaut mieux abandonner aux intéressés, et dans lesquels il est aussi imprudent à l'Etat de s'ingérer, qu'à M. Robert dans la querelle entre Sganarelle et Martine, sa femme.

L'initiative privée a, pour ses solutions, une élasticité qui les adapte à chaque cas particulier, tandis que l'Etat ne peut procéder qu'à coups de formules et tout niveler sous une brutale uniformité. Le système de l'action directe de l'État exige un gouvernement très fort et un peuple très respectueux de la consigne; ailleurs, il userait l'administration dans des contacts quotidiens, qui dégénéreraient aisément en conflits et en froissements. En prenant leur place, en étant sage et prévoyant pour eux, non comme ils l'entendent, mais comme il l'entend lui-même, il déshabituerait les citoyens de la responsabilité et de l'action, il développerait la bureaucratie, les frais qu'elle entraîne à sa suite, les occasions d'impopularité et les revanches électorales des rancunes accumulées.

Pour tous ces motifs, nous pensons que, s'il est tenu de contrôler tous les patrons pour l'exécution de la loi, l'Etat doit réserver ses contraintes à ceux d'entre eux qui refusent d'agir par eux-mêmes. Qu'il soit, en matière d'accidents, la conscience de ceux qui n'en ont pas, nous y consentons; mais qu'il respecte du moins l'initiative de ceux qui ont le sentiment de leurs devoirs comme de leurs intérêts bien entendus, et qu'il les laisse viser à leur façon le but assigné par la loi, pourvu qu'ils l'atteignent.

Nous sommes loin de vouloir interdire à l'État toute intervention dans les questions sociales et nous avons nous-même récemment essayé de tracer la démarcation du terrain où son action nous paraît légitime (1). Avec M. Luzzatti, nous dirons volontiers que « pendant que les théoriciens et les sectaires discutent entre eux, les économistes pratiques écartent toute exclusion systématique, prennent leur bien où ils le trouvent et sont persuadés que les misères humaines sont si complexes qu'il faut

(1) *Les lois ouvrières, au point de vue de l'intervention de l'État.* — *Journal des Economistes*, numéro du 15 février 1894.

les secourir par tous les moyens dont on dispose (1). » Le mal est, en effet, si grand qu'on n'a le droit de négliger aucun concours, et qu'à la condition de renfermer chacun de ces facteurs dans sa sphère légitime, on doit les faire tous concourir à l'œuvre commune.

En matière d'accidents, l'État peut utilement indiquer le but, imposer les résultats ; mais, comme il le fait déjà en Allemagne pour l'assurance contre les maladies, il doit laisser aux patrons la liberté du choix des moyens sous son contrôle ; il ne se résignera à l'action directe qu'à contre-cœur, quand il s'agira d'assurer le respect de la loi et de suppléer à la torpeur, à l'égoïsme, à l'impuissance ou à la résistance de l'initiative privée. Nous lui demandons de susciter cette initiative, de la guider, de l'encourager, de s'appuyer sur elle, au lieu de la supplanter et de l'entraver ; nous lui proposons, en un mot, comme règle de conduite, de tendre à se rendre inutile et de se borner à veiller de haut sur les services assurés par les individus ou les associations et caractérisés, en général, par l'entrain, la fécondité et la souplesse, qui sont le privilège des œuvres fondées sur la liberté.

(1) *Les Verriers d'Altare*. Communication à la Société d'Economie sociale.

Versailles. — Imprimerie AUBERT, 6, avenue de Sceaux.

Revue Politique et Parlementaire

SOMMAIRE DU N° 1

I. NOTRE PROGRAMME, par M. **Marcel Fournier**.

II. LE REGIME PARLEMENTAIRE EN 1894, par M. **Jules Simon**, *de l'Académie française, Sénateur*,

III. LA REFORME PARLEMENTAIRE PAR LA REVISION DU REGLEMENT DE LA CHAMBRE par M. **Th. Ferneuil**.

IV. LE REGIME FISCAL DES MUTATIONS, par M. **J. Boudenoot**, *Député*.

V. LA LOI SUR LES BUREAUX DE PLACEMENT, par M. **Yves Guyot**, *Ancien Ministre*.

VI. LA REFORME FISCALE EN PRUSSE, par M. **A. Raffalowich**.

VII. LES ACCIDENTS DU TRAVAIL : Etat actuel de la question devant le Parlement français, par M. **Maurice Bellom**, *Ingénieur des mines*.

VIII. LA QUESTION DES CHEMINS DE FER DEVANT LE PARLEMENT ET DEVANT L'OPINION, par M. **Descubes**, *Député*.

IX. VARIETES : 1. Les Evolutions de la propriété foncière et le Socialisme en Grèce, par M. **A. Douarche**, *Conseiller à la Cour de Paris*,

2. L'Institut de droit international et sa session de Paris en 1894, par M. **A. Weiss**, *Professeur à la Faculté de Droit de Paris*.

X. LA VIE POLITIQUE ET PARLEMENTAIRE EN FRANCE, par M. **Félix Roussel**.

XI. LA VIE POLITIQUE ET PARLEMENTAIRE A L'ETRANGER :

Suisse, M. **N. Droz**, *ancien Président de la Confédération Suisse*.

Italie, M. **N. Colajanni**, *Membre du Parlement Italien*.

XII. ETAT DES TRAVAUX PARLEMENTAIRES AU 1er JUIN 1894.

XIII. REVUE DES FAITS POLITIQUES, ECONOMIQUES ET SOCIAUX.

XIV. BIBLIOGRAPHIE.

SOMMAIRE DU N° 3

I. LA POLICE ET L'AUTORITE MUNICIPALE, par M. **Maurice Block**, *Membre de l'Institut*.

II. LA PROPRIETE DES MINES ET LA PARTICIPATION AUX BENEFICES, par M. **Henri Blanc**, *Député de la Haute-Loire*.

III. LE REGIME DES ALIENES DEVANT LE PARLEMENT, par M. **de Mouy**, *Maître des Requêtes au Conseil d'Etat*.

IV. LA LIGUE BIMETALLIQUE UNIVERSELLE, par M. **Claudius Cayla**, *Receveur particulier des Finances*.

V. LES INTERETS FRANÇAIS ET LES COMPETITIONS ANGLAISE ET ALLEMANDE A LA COTE OCCIDENTALE D'AFRIQUE, par M. **le Dr Rouire**.

VI. LA LOI POUR LA PROTECTION DE LA SANTE PUBLIQUE, par M. **Charles Lucas**.

VII. VARIETES : 1. Le Mouvement féministe et les Droits de la Femme, par M. **Raoul de la Grasserie**, *Juge au Tribunal de Rennes*.

2. La Question coréenne, par M. **Toru-Terao**, *Professeur de Droit à l'Université impériale de Tokio*.

VIII. LA VIE POLITIQUE ET PARLEMENTAIRE A L'ETRANGER :

Angleterre, par M. **Parker Smith**, *Membre du Parlement Anglais*.

Pays-Bas, par M. **Macalester Loup**, *Rédacteur en chef du journal* Het Vaterland.

IX. LA VIE POLITIQUE ET PARLEMENTAIRE EN FRANCE, par M. **Félix Roussel**.

X. REVUE DES FAITS POLITIQUES, ECONOMIQUES ET SOCIAUX.

XI. BIBLIOGRAPHIE.

www.ingramcontent.com/pod-product-compliance
Ingram Content Group UK Ltd.
Pitfield, Milton Keynes, MK11 3LW, UK
UKHW020413220726
13923UKWH00004B/1921

9 782019 660659